30分でできる伝統おやつ

冬のおやつ

伝統おやつ研究クラブ 編

冬のおやつ＊もくじ

なんでも知ってる ねこ先生

身近な材料を使って、作りやすい分量で作れます。
しあげやもりつけは、おこのみで
アレンジすると楽しいね。

段取りじょうずな わにくん

おやつを作る前に読みましょう…3
スポンジケーキ…34
生クリームのあわだて方のコツ…46

知りたがりやのうさぎさん

ねこ先生が、おいしくしあがる
コツをしっかり教えてくれます。
わたしたち「おやつ作り隊」の
隊員もお手伝いします。

日本のおやつ

- しんこ細工人形　蒸す＊30分…6
- 鬼まんじゅう　蒸す＊20分…8
  - いきなりだんご　蒸す＊25分…9
- 紅白すあま　蒸す＊20分…10
- くるみゆべし　蒸す＊20分…12
- でっちようかん　蒸す＊25分…14
- 生キャラメル　煮る＊30分…16
- かるかん　蒸す＊25分…18

お味見大すきなこぶたちゃん

世界のおやつ

- 動物クッキー　焼く＊30分…20
  - アイシングクッキー　ぬる＊20分…22
  - チョコチップクッキー　焼く＊30分…23
  - きな粉クッキー　焼く＊30分…23
- ブッシュドノエル　ぬる＊30分…24
- ヨウルトルットゥ　焼く＊20分…26
- オムアリ　焼く＊20分…28
- チヂミ　焼く＊25分…30
- もぐらのケーキ　つめる＊30分…32
  - もぐらのマジパン　こねる＊15分…35

チャレンジ 本格おやつ

- トリュフ　まるめる＊30分…36
- まるごとアップルパイ　焼く＊55分…38
- ビーバーテイル　あげる＊40分…40
  - ミニピザ　焼く＊45分…41
- ポルボロン　焼く＊45分…42
- パブロバ　焼く＊90分…44

研究熱心なりすくん

おやつにまつわる
いろいろなお話も
楽しいよ。

＊アレルギーのもとになる食材のうち、表示義務のある「特定原材料」えび、かに、小麦、そば、卵、乳、落花生の7品目を使っていないものに●マークをつけました。参考にしてください。
＊クッキングタイムはだいたいの目安です。作業のしかたで多少変わります。

おやつを作る前に読みましょう

大切なことが書いてあるよ。かならず読んでね。

終わったら、あとかたづけも忘れずにね。

おやつ作りの進め方

1 作り方をひととおり読んでおきます。
はじめる前に作り方の手順を頭に入れておくと、作業を進めやすくなります。

2 身じたくをしましょう。
髪の毛が長い人は結び、つめがのびていたら切ります。せっけんで手を洗い、エプロンをつけましょう。

3 使う道具と材料をそろえましょう。
作っているとちゅうであわてないように、必要な道具はあらかじめそろえておきます。

4 材料を正確にはかりましょう。
とくに外国のお菓子は、材料を正確にはからないと、じょうずにしあがらないことがあります。

g＝グラム　mL＝ミリリットルと読みます。mLとccは同じです。

材料のはかり方

＊計量スプーン…大さじ1は15mL、小さじ1は5mLです。

多めにすくい、よぶんなところをへらで落とします。

半分のところをかきだしします。

液体は表面がふくらむくらいまで入れます。

これが大さじ1

これが大さじ1/2

＊計量カップ…1カップは200mLです。

平らなところにおいて、めもりの位置と目の高さを同じにしてはかります。

＊はかり

からのボウルをのせて、めもりをゼロにして材料をはかります。ゼロにできない場合は、ボウルの重さをはかって、それに分量の重さを足してはかります。

＊ひとつまみ…親指、人さし指、中指の3本の指の先でつまみます。

この本によく出てくる用語

＊室温におく
冷蔵庫から出して部屋においておくこと。あたたかい季節のときは20～30分前に、寒い季節のときは40～50分前に出しましょう。

＊粗熱をとる
手でさわれるようになるまで温度を下げること。

＊あわだてる
生クリームや卵を、あわだて器を使って、空気をふくませるようにまぜ、ふんわりさせること。ボウルに油分や水がついているとあわだちが悪くなるので、きれいなものを使います。

＊湯せんにかける
生地やクリームの入ったボウルの底を、お湯の入ったボウルやなべにつけて温めること。

＊打ち粉をふる
生地をあつかうとき、くっつかないように台やバットなどに粉をふること。

お湯の温度
（この本では以下の温度を目安にしています）
ぬるま湯／30～35度くらい。ぬるめの人肌くらいの温度です。
お湯／50～60度。ふっとうしたお湯に同じ量の水を加えるとだいたいこの温度になります。
熱湯／ふっとう直前のもので、80度くらいです。

この本でよく使われる道具

＊まな板
フルーツなどを切るときに使います。

＊包丁
おさえる方の手は、指先をかるく内側にまるめておさえます。

＊なべ
牛乳や水を温めたり、さとうを加熱してカラメルを作るときなどに使います。

＊計量カップ
おもに液体をはかるときに使います。200mLのほかに300mLや500mLはかれるものもあります。

＊ボウル
直径20cmぐらいのものを中心に大、中、小のサイズがあると便利です。

＊耐熱ボウル
熱に強いボウルで、電子レンジで加熱するときに使用できます。

＊バット
材料や生地を入れておくときに使います。

＊はかり
1g単位ではかれるデジタルタイプが便利です。

＊計量スプーン
大さじは15mL、小さじは5mLです。ほかに10mLや2.5mLのものもあります。

＊こし器・茶こし
粉をふるったり裏ごししたりするときに使います。

＊あわだて器
卵をあわだてたり、材料をまぜたりするときに使います。

＊ゴムべら・木べら
材料や生地をまぜるときや、取りだすときに使います。木べらは加熱しながらまぜるときに使います。

ゴムべらはシリコンでできているものが使いやすいです。

＊めんぼう
生地を平らにのばすときに使います。

＊はけ
牛乳などをぬってつやをだすときや、スポンジ生地にシロップをしみこませるときなどに使います。

＊カード
生地を平らにしたり、取りだしたり、切りわけたりするときに使います。

＊オーブン用シート
型や天板にしいて使います。生地がくっつくのをふせぎます。

＊しぼりだし袋と口金
クリームや生地をしぼりだすときに使います。口金は、よく使う1cmの丸型があると便利です。

＊ハンドミキサー
電動のあわだて器です。たくさんの量を作るときに、早くあわだてることができます。

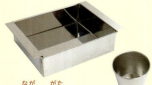

＊流し型
生地を流しいれて、蒸したり、冷やしかためたりするときに使います。

＊焼き型
生地を入れてオーブンで焼くときに使います。

＊ぬき型
クッキーの生地をぬくときに使います。いろいろな形があります。

こんなものも使えるよ。

型の代わりに、あき缶や牛乳パックなども使えます。
（牛乳パックは加熱するものには不向きです。）

この本でよく使われる材料

*生クリーム
動物性の乳脂肪分35％以上のものを使いましょう。あわだてるときは、冷蔵庫でよく冷やしたものを使い、ボウルの底を氷水にあてながら作業をします。

*バター
バターには塩が入っている有塩バターと、入っていない無塩バターがあります。お菓子作りでは無塩バターを使います。この本でバターと書いてあるときは、無塩バターをさします。

*卵
新鮮な卵を使いましょう。この本ではM玉（50〜60g）を使っています。

*天然色素
色をつけるときに使う食用色素で、植物から作られています。イメージの色になるまで、少量ずつ加えてようすをみます。

*さとう
上白糖は、一般的によく使われているさとうで、あまみが強いのが特長です。グラニュー糖は、すっきりしたあまさで洋菓子によく使われます。食感をかるくしたいときに使う粉ざとう、ミネラルやたんぱく質が豊富な黒ざとうやきびざとう、てんさい糖などがあります。できあがりの色を気にしないときは、きびざとうやてんさい糖がおすすめです。

*加熱する道具の使い方

*オーブン
この本の焼き時間と温度は、ガスオーブンを使用したときの目安です。オーブンは機種によって焼きあがりがちがうので、うまく焼けないときは、温度設定を変えてみます。電気オーブンの場合は、10度ほど高く設定してみましょう。

*ガスコンロ
カラメルを作ったり、生地をねったりと、おやつ作りではガスコンロをよく使います。

弱火
コンロの火がなべの底にあたらないくらいの状態です。

中火
コンロの火がなべの底にあたるかあたらないかくらいの状態です。

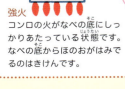

強火
コンロの火がなべの底にしっかりあたっている状態です。なべの底からほのおがはみでるのはきけんです。

*電子レンジ
電子レンジは機種によってワット数がちがい、ワット数によって加熱時間が変わってきます。この本では600ワットの機種を使っています。500ワットの機種では1.2倍に、700ワットの機種では0.8倍に換算してみましょう。時間は少なめに設定し、加熱しすぎないことが大切です。

*蒸し器
蒸し器は下の段に水を入れて、あらかじめふっとうさせ、しっかり蒸気があがってから材料を入れます。水滴が落ちないように、ふたはふきんなどで包んでおきます。もち生地などを蒸すときは、よくしぼったぬれぶきんをしいた上におきます。熱いので、なべつかみや軍手を使いましょう。

*よく出てくる作業のコツ

*卵白と卵黄の分け方
小さなボウルに卵を割り、大さじで卵黄だけをすくうと、かんたんに分けることができます。

*粉のふるい方
空気をふくませ、だまになりにくくするためにも、粉はかならずふるってから使いましょう。大きめの紙を広げ、こし器の縁をたたくようにして、粉を落とします。

火を使っているときは、火のそばからはなれてはだめだよ。

日本のおやつ
しんこ細工人形
ざいくにんぎょう

古くは縁日の人気ものでした。
今でも縁起ものとして、
「ちんころ（小さい犬のこと）」が
作られているところがあります。

黒みつときな粉を
つけて食べよう。

●調理方法●
電子レンジ・蒸し器で
蒸す

クッキングタイム
30分

日本のおやつ

材料

人形5〜6こ分

上新粉………100g
さとう………40g
塩………ひとつまみ
熱湯………100mL
色をつけるためのもの
（天然色素やココアパウダーなど）………適量

作り方

1. 耐熱ボウルに上新粉とさとう、塩を入れて、熱湯を少しずつ加えて、はしでかきまぜる。

じゅんびしよう

* 蒸し器の用意をする。
* どんな人形を作るか考えて、色をつけるためのものを用意する。天然色素を使う場合は、少しの水（分量外）でといておく。

2. ラップをかるくかけて、電子レンジで1分30秒加熱して、取りだす。水でぬらしたゴムべらで全体をよくまぜ、再びラップをかけて、電子レンジで1分30秒加熱してまぜる。

3. ぬれぶきんの上に出し、粗熱をとり、なめらかになるまでこねる。

4. 作りたいものに合わせて生地を取りわける。生地に天然色素などを加えて、こねたり、耳の先などをぬったりして色をつけ、人形を作る。

5. 蒸気のあがった蒸し器にならべ、強火で5分蒸す。

取りだしたあと、うちわであおぐとつやがでるよ。

※ 蒸し器で作るとき ※

熱湯を80mLにする。
● 1でまぜた生地を、ひと口大にして蒸気のあがった蒸し器にならべる。強火で15分蒸し、粗熱がとれたらひとつにまとめて3に続ける。

ねこ先生のひとくちメモ

しんこ細工ってなに？

江戸時代の後期ころ、縁日などでしんこ細工職人が上新粉でいろいろな形のしんこ細工を売るようになりました。鳥や花、くだものなどが目の前でできあがるようすが、子どもたちに人気でしたが、昭和に入ってから、しんこ細工はあまり見られなくなってしまいました。ただ、今でも新潟県の「犬の子朔日」という行事で作られたり、十日町の「ちんころ市」とよばれる節季市で縁起ものとして売られたりしています。

鬼まんじゅう

さつまいもの入った蒸しパンは、
昔から、日本各地でよく作られてきました。
地方によってよびかたがちがいます。

●調理方法●
蒸し器で
蒸す

●クッキング
タイム●
20分

日本のおやつ ● 愛知県

材料

6こ分

さつまいも……約250g
牛乳………60mL
さとう………30g
塩………ひとつまみ
薄力粉………100g
ベーキングパウダー
………小さじ1/2

じゅんびしよう

* 薄力粉とベーキングパウダーを合わせてふるっておく。
* 蒸し器の用意をする。

作り方

1 さつまいもは皮つきのまま、1cm角に切る。水（分量外）に5分さらしてアクを取り、ざるにあけて水気をきる。

2 小さなボウルに牛乳とさとう、塩を入れてまぜ、さとうと塩をとかす。

3 べつのボウルにふるった粉類を入れ、1のさつまいもを加えて、全体に粉をまぶす。

4 2の液を少しずつ加え、よくまぜる。6等分して紙カップにつめる。

5 蒸気のあがった蒸し器にならべ、中火で15分蒸す。竹串をさして、なにもついてこなければできあがり。

いきなりだんごは、熊本県の家庭で作られてきた定番のおやつです。「いきなり」には「すぐに作れる」とか、さつまいもを「生のまま入れる」などの意味があります。

作ってみよう！
いきなりだんご
（蒸す 25分）

材料

6こ分

さつまいも…約6cm分
薄力粉…100g　塩…ひとつまみ
水…60mL　あんこ…120g

作り方

①さつまいもは皮つきのまま、厚さ1cmの輪切りにする。水（分量外）に5分さらしてアクを取り、ざるにあけて水気をきる。
②ボウルに薄力粉と塩を入れ、水を少しずつ加えて、耳たぶくらいのかたさになるまでよくこねる。6等分してまるくのばす。
③あんこを6等分し、さつまいもの上にのせる。②の生地をかぶせるようにしてのせ、さつまいもを包む。
④蒸気のあがった蒸し器にならべ、15分蒸す。竹串をさして、すっとさされればできあがり。

紅白すあま

やさしいあまさが特長です。
紅白の卵の形に作ったものは、「つるの子もち」とよばれ、
出産や入学のときなどの、お祝いごとに使われます。

●調理方法●
電子レンジ・蒸し器で
蒸す

●クッキングタイム●
20分

日本のおやつ

材料

まきす1本分

- 上新粉………100g
- さとう………100g
- 熱湯………150mL
- かたくり粉（打ち粉用）………適量
- 天然色素（赤）………適量

じゅんびしよう

* まきすの上にラップを広げ、茶こしでかたくり粉をふっておく。
* ピンクのすあま用に、天然色素を少しの水（分量外）でといておく。

上新粉

うるち米（ふつうの米）を洗ってかんそうさせて粉にしたもの。よくこねることでこしこしとした弾力と歯ごたえがうまれます。白玉粉といっしょに使うと、やわらかさが長持ちします。

作り方

1 耐熱ボウルに上新粉とさとうを入れ、熱湯を少しずつ加えて、はしでかきまぜる。
＊ピンクのすあまを作るときは、ここで少しずつ天然色素を加え、色をつける。

2 ラップをかるくかけて、電子レンジで2分加熱する。取りだしてゴムべらでよくまぜる。

3 ラップをかけて、再び2分30秒加熱する。取りだしてよくまぜる。表面に水分が残っているときはさらに10秒ずつ加熱する。

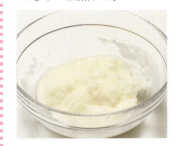

4 ぬれぶきんの上に出し、粗熱をとる。つやがでてなめらかになるまで、折りたたむようにして、よくこねる。

5 ふきんに包んで棒状にまとめ、まきすの上におき、手前からまいていき、形を整える。そのまま冷まし、このみの厚さに切る。

❄ 蒸し器で作るとき ❄

熱湯を130mLにする。
● 1でまぜた生地を、ぬれぶきんを広げた蒸し器に流す。約20分蒸し、ふきんを持ちあげて生地がかたまっていたら、取りだして4に続ける。くっつくようならさらに5〜10分蒸す。

ぜひ、作りたてを食べてみてね。

くるみゆべし

もちもちした食感と、
黒ざとうとしょうゆのあまじょっぱい味は、
いくつでも食べたくなります。

●調理方法●
電子レンジ・蒸し器で
蒸す

クッキングタイム
20分

黒ざとうをさとうに代え、しょうゆを入れずに作れば、くるみもちができるよ。

日本のおやつ

材料

16こ分
白玉粉………100g
水………140mL
黒ざとう（粉末）………60g
しょうゆ………大さじ1
くるみ………40g
かたくり粉（打ち粉用）
………適量

じゅんびしよう

* くるみをフライパンでからいりし、手で割っておく。
* バットに茶こしでかたくり粉をふっておく。

作り方

1 耐熱ボウルに白玉粉を入れ、水を2回に分けて加え、そのつどゴムべらでよくまぜる。

2 黒ざとうを加えてかるくまぜ、ラップをかけないで電子レンジで40秒加熱し、黒ざとうをとかす。

3 しょうゆを入れてまぜ、電子レンジで2分加熱する。取りだしてよくまぜ、さらに1分加熱する。

4 くるみを加えてまぜ、1〜2分加熱する。

 つやがでて、ゴムのようにねばりがでたら加熱をやめます。

5 バットに取りだして、茶こしでかたくり粉をふり、粗熱がとれたら平らにのばして、冷ます。

6 冷めたら切りわける。
* かんそうしないように、ラップで包んで保存しましょう。

※ 蒸し器で作るとき ※

水を100mLにする。
①なべに水と黒ざとうを入れ、中火で温める。黒ざとうをとかし、冷ましておく。
②白玉粉の入ったボウルに①を加えてまぜる。なめらかになったら、しょうゆとくるみを加えてまぜ、ぬれぶきんを広げた蒸し器に流す。強火で約15分蒸し、生地に透明感が出たら取りだして、5に続ける。

でっちようかん

竹の皮が、いいかおり。
「でっちさんでも作れる」という説があるほど、
かんたんに作れる、蒸しようかんです。

●調理方法●
蒸し器で
蒸す

クッキングタイム
25分

でっちさんとは、昔、お店に住みこみで奉公していた男の子のことです。
漢字では「丁稚」と書きます。

日本のおやつ

材料

竹皮包み2本分

こしあん………200g
上新粉………40g
水………40mL
塩………ひとつまみ
竹皮………2枚

作り方

1 ボウルにこしあんと上新粉、水、塩を入れる。なめらかになるまで、ゴムべらでよくまぜる。

冬に食べる水ようかんを、でっちようかんとよぶ地方もあります。

じゅんびしよう

* 竹皮を1時間ほど水につけてやわらかくし、水気をふきとっておく。
* ひも用に竹皮のはしを7〜10mmに細くさいておく。
* 蒸し器の用意をする。

2 1の1/2量を竹皮に広げる。四辺を折りたたみ、さいたひもでしばる。残りも同じように包む。

3 蒸気のあがった蒸し器にならべ、強火で15分蒸す。竹皮のまま冷ます。

教えて！ねこ先生

ようかんは、もとは汁ものだったの？

ようかんは漢字では「羊羹」と書きます。中国から伝えられたもので、本来は羊の肉を使った温かな汁ものでした。日本では、あずきやくず粉など植物性のものを蒸しかためて作られました。これがようかんのはじまりです。

「でっちようかん」の名前は、手軽な値段だったので、「でっちさんでも里帰りのとき、おみやげに買えるから」とか、高級なねりようかんに対して、半人前という意味での「でっち」などいくつかの説があります。

生キャラメル

キャラメルとは、「さとうをこがす」という意味の言葉に由来するなど、いくつかの説があります。
お口に入れると、とろりととけていきます。

●調理方法●
なべで煮る

クッキングタイム
30分
＋
冷やしかためる時間

日本のおやつ

材料

ひと口大のもの30〜35こ分

牛乳………200mL
さとう………60g
はちみつ………大さじ2
バター………30g

じゅんびしよう

＊バットにオーブン用シートをしいておく。

作り方

1 なべに牛乳とさとう、はちみつを入れ、中火にかける。なべをゆすりながらさとうとはちみつを煮とかす。

2 バターを加え、強火で煮る。ふっとうしたらふつふつしている火加減に弱める。なべ底全体を木べらでかきまぜながら、15分くらい煮つめる。

3 もったりとしてうす茶色になったら、火を止めてスプーンでほんの少しすくい、冷水にたらしてみる。とけるようならまだ煮つめ方が足りないので、さらに煮て、かたまるようならバットに流しいれる。

4 バットに流したキャラメルが室温になったら、冷蔵庫に入れて冷やしかためる。かたまったら温めたナイフで切り、ひとつずつオーブン用シートなどで包む。

ねこ先生のひとくちメモ

生キャラメルは日本のオリジナル

キャラメルの原型とされるものは、10世紀ころアラブ人によって、地中海のクレタ島で作られたといわれています。日本ではアメリカで菓子技術を学んで帰国した、森永太一郎によって、1899年にはじめてキャラメルが製造されました。生キャラメルは近年、牛乳の消費拡大のために日本で作られたとされ、やわらかくしあげているのが特長です。

かるかん

ふんわりしっとりした口あたりは、
やまいもが入っているからです。
薩摩の国の島津のお殿さまが
愛したお菓子です。

●調理方法●
蒸し器で
蒸す

クッキングタイム
25分

かるいからいっぱい
食べられちゃう。

日本のおやつ・鹿児島県

材料

プリン型4～5こ分
やまいも（やまといもなど
皮をむいた状態）………40g
さとう………60g
水………60mL
上新粉………50g
ベーキングパウダー
………小さじ1/4

じゅんびしよう

* やまいもをすりおろしておく。
* 上新粉とベーキングパウダーを合わせておく。
* 蒸し器の用意をする。

あんこの入った
かるかんも
おすすめです。

作り方

1 ボウルにすりおろしたやまいもとさとうを入れ、水を2～3回に分けて加え、あわだて器で空気をふくませるようによくまぜる。

2 1に、合わせておいた粉類を少しずつ加え、あわだて器でよくまぜる。

ねばりけの強い
やまといもが
おすすめですが、
ながいもでも作れます。

3 生地をスプーンですくってカップに入れる。

＊あんこ（分量外）を入れる場合は、生地をカップの半分まで入れ、平たくまるめたあんこを入れ、残りの生地を入れます。

4 蒸気のあがった蒸し器にならべ、強めの中火で8～10分蒸す。

型から取りだすときは、型の内側にそって、竹串をひとまわりさせてね。

ねこ先生のひとくちメモ

島津公のために作られたお菓子

江戸時代、薩摩（現在の鹿児島県と宮崎県の一部）の島津斉彬公が、江戸在勤中に菓子職人に目をかけ、薩摩にいっしょに連れもどり、専属の菓子職人にしました。このご恩にむくいるために作られたのが、地元でとれるやまいもを使って作るかるかんだったといわれています。

世界のおやつ

動物クッキー

形がかわいい
型ぬきタイプのクッキーです。
いろいろなアレンジができる
基本のクッキー生地で作ります。

●調理方法●
オーブンで焼く

●クッキングタイム●
30分

世界のおやつ　アメリカ

材料
約40枚分

- バター………50g
- さとう………50g
- 卵（全卵をときほぐしたもの）………1/2こ分
- 薄力粉………120g
- 強力粉（打ち粉用　なければ薄力粉でよい）………適量

じゅんびしよう

* バターを室温におく。
* 薄力粉をふるっておく。
* 天板にオーブン用シートをしいておく。
* オーブンを170度に温めておく。

薄力粉を20gへらし、代わりにココアパウダー20gを加えると、ココア味のクッキーができるよ。

作り方

1 ボウルにバターとさとうを入れて、クリーム状になるまであわだて器でまぜる。

2 卵を加えてあわだて器でまぜる。

3 ふるった粉を2回に分けて加え、そのつどゴムべらで切るようにまぜる。

4 生地をひとつにまとめ、打ち粉をふった台に取る。めんぼうで厚さ3〜4mmにのばす。

左右に割りばしをおいてのばすと、同じ厚さにのばせるよ。

5 生地をぬき型でぬいて、天板にならべる。170度のオーブンで15分焼き、網の上で冷ます。

*ぬいたあとの生地はひとつにまとめ、もう一度めんぼうでのばして使います。生地がやわらかくなったときは、冷蔵庫に10〜15分入れて冷やしましょう。

ぬき型に強力粉をつけてぬくと、型から取りだしやすいよ。

いろいろなクッキーを作ってみよう

アイシングクッキー

動物クッキーの生地で、すきな形のクッキーを作ってデコレーションしましょう。

ぬる 20分

材料

クッキー約30枚分

- グラニュー糖………15g
- 水…30mL 粉ざとう…50g
- 卵白………大さじ1
- レモン汁………適量
- 天然色素………適量
- クッキー………約30枚

じゅんびしよう

* 粉ざとうをふるっておく。
* 天然色素を少しの水（分量外）でといておく。
* ペーパーコルネを作る。

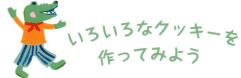

ペーパーコルネの作り方

オーブン用シートやトレーシングペーパーを二等辺三角形に切る。

長い辺のまん中を中心にまるめる。

中に折りこむ。

作り方

1 グラニュー糖と水を耐熱ボウルに入れ、電子レンジで20秒加熱して、シロップを作る。

かたさを調節するときや、かんそうしてかたくなったときに使うよ。

2 粉ざとうにときほぐした卵白を少しずつ加え、ぬりやすいかたさになるようによくまぜる。

3 2にレモン汁を1〜2てき加えてよくまぜる。基本のアイシングのできあがり。

レモン汁を加えるのは変色をふせぐためです。

4 色をつけるときは、基本のアイシングを少量べつの器に取り、天然色素を少しずつ加える。

5 ペーパーコルネにアイシングを入れ、先をはさみで切る。クッキーに、もようをかき、かんそうさせる。

広い面をぬるときは、シロップを加えて少しゆるめるといいよ。色を重ねるときは、先にぬったアイシングがかわいてからぬってね。

使っていないアイシングは、かんそうしないようにラップをかけておきます。

世界のおやつ アメリカ

焼く30分

チョコチップクッキー

チョコレートとくるみのあいしょうがバツグンです。

材料

約20枚分

- バター……… 50g
- さとう……… 50g
- 卵（全卵をときほぐしたもの）……… 1/2こ分
- 薄力粉……… 120g
- チョコチップ……… 50g
- くるみ……… 20g

作り方

4 1〜3までは動物クッキーと同じに作る。

3にチョコチップとくるみを入れ、さっくり切るようにまぜる。

じゅんびしよう

* バターを室温におく。
* 薄力粉をふるっておく。
* くるみをフライパンでからいりし、手で割っておく。
* 天板にオーブン用シートをしいておく。
* オーブンを170度に温めておく。

5 スプーンを2本使って、オーブン用シートの上に生地を落とし、170度のオーブンで16〜18分焼く。

焼く30分

きな粉クッキー

きな粉のかおりがこうばしいです。

日本でアレンジされたクッキーだよ。まるめてもおいしいよ。

材料

約36枚分

- 薄力粉……… 100g
- きな粉……… 20g
- きびざとう……… 30g
- 塩……… ひとつまみ
- なたね油……… 大さじ4
- 水……… 大さじ2
- 強力粉（打ち粉用　なければ薄力粉でよい）……… 適量

作り方

1 ボウルにふるった粉類と、きびざとう、塩を入れ、よくまぜる。

じゅんびしよう

* 薄力粉ときな粉を合わせてふるっておく。
* 天板にオーブン用シートをしいておく。
* オーブンを180度に温めておく。

2 なたね油と水を加え、切るようにまぜる。手でひとつにまとめ、打ち粉をふった台に取る。めんぼうで厚さ3〜4mmにのばし、2〜3cm四方に切る。

3 オーブン用シートにならべ、180度のオーブンで15〜16分焼く。

ブッシュドノエル

たきぎに見立てた、フランスの伝統的なクリスマスケーキです。
「ブッシュ」はたきぎ、
「ノエル」はクリスマスを意味します。

●調理方法●
ぬる

●クッキングタイム●
30分

世界のおやつ フランス

材料

1本分
- 生クリーム………150mL
- チョコレート………50g
- ロールケーキ（市販）…1本

じゅんびしよう

* チョコレートをきざんでおく。
* ボウルに氷水を用意する。

小さいサンタさんも紙とようじで作っちゃおう。

作り方

1 生クリームをふっとう直前まで温め、きざんだチョコレートを少しずつ加えて、チョコレートをとかす。

電子レンジを使う場合は40〜50秒くらい温めてね。

2 チョコレートがとけたら、氷水にあてながら、7分立てくらいのかたさにあわだてる。

ハンドミキサーを使うと早いよ。

3 ロールケーキの片方のはしをななめに切り、チョコレートクリームをのりがわりにして、上にのせる。

4 チョコレートクリームをゴムべらで全体にぬる。最後にフォークの先でもようをつけ、木に見立てる。

いちごサンタの作り方

いちごの上1/3のところを切り、ぼうしにする。ホイップクリームをにさんで顔にして、とかしたチョコレートを竹串でつけて目にする。

教えて！ねこ先生

どうしてたきぎのケーキを作るの？

赤ちゃんのイエスさまが寒くないように、クリスマスのあいだ、だんろの火をたやさない習慣があったからという説や、フランスなどの寒い国では、たきぎがとても貴重だったからという説などいくつかあります。

それはね…

ヨウルトルットゥ

フィンランド語でクリスマスは「ヨウル」とよばれます。
「クリスマスのパイ」という意味の、星の形をしたパイです。
各家庭に、それぞれの味があります。

●調理方法●
オーブンで焼く

クッキングタイム
20分

世界のおやつ フィンランド

材料

4こ分
冷凍パイシート（市販）
………1枚
プルーンジャム（ほかのジャムでもよい）………小さじ4
卵黄………1こ分
粉ざとう………適量

作り方

1 長方形の冷凍パイシートのときは、めんぼうでのばし正方形にして、4枚に切る。

2 まん中を残し、四すみに切りこみを入れる。

じゅんびしよう

* 冷凍パイシートを室温において、半解凍する。
* 天板にオーブン用シートをしいておく。
* オーブンを210度に温めておく。

3 まん中にプルーンジャムを小さじ1ずつのせる。風車のはねの形になるように、切りこみの片方を中央に向けて折る。

教えて！ねこ先生

4 卵黄をときほぐし少しの水（分量外）でといて、表面にはけでぬる。210度のオーブンで10分焼く。冷めたら粉ざとうをふる。

プルーンジャムの作り方

ドライプルーン…80g　水…80mL
さとう…大さじ2　レモン汁…小さじ1
● プルーンと水、さとうをなべに入れ、へらで果肉をつぶしながら中火で煮る。とろみがついたらレモン汁を入れ、さっと煮る。（約120g分）

フィンランドではクリスマスを、どんなふうにすごすの？

サンタクロースのふるさとともいわれるフィンランド。フィンランドのクリスマスは、12月24〜26日で、クリスマス・イブの日は家族でクリスマスの食事を楽しみます。ヨウルトルットゥのほかジンジャークッキーや、レーズンとアーモンド、香辛料の入ったグロギという温かいワインが欠かせません。子どもたちは赤いぼうしをかぶり、サンタクロースがプレゼントを持ってきてくれるのを待ちます。

オムアリ

ドライフルーツがたっぷり入ったパイのグラタンです。エジプトの人びとに親しまれている、おかあさんを思いだすやさしい味わいのおやつです。

●調理方法●
オーブンで焼く

クッキングタイム
20分

世界のおやつ　エジプト

材料

器2つ分
- 牛乳（ココナッツミルクでもよい）………200〜240mL
- さとう………大さじ2
- 冷凍パイシート（市販）………1/2枚
- ミックスナッツ………適量
- レーズン………適量

「オム」とはアラビア語でおかあさんのことで、「アリ」は男の子の名前です。「アリのおかあさん」という食べものだよ。

じゅんびしよう

* 冷凍パイシートを室温においてから、210度のオーブン、またはオーブントースターで12〜15分、パリパリになるまで焼いておく。
* オーブンを220度に温めておく。

作り方

1 なべに牛乳とさとうを入れ、中火で温めてさとうをとかす。

2 耐熱容器にパイを入れ、フォークで細かくし、ミックスナッツとレーズンを入れる。

3 1の牛乳をそそいで、220度のオーブンで8〜10分、表面にこげめがつくまで焼く。

エジプトでは、牛乳の代わりにココナッツミルクを使うことが多いそうです。バナナなど、生のフルーツを入れてもおいしいよ。

教えて！ねこ先生

エジプトにはどんなお菓子があるの？

エジプトのお菓子は、小麦粉で作った生地を焼いたり、あげたりしたあと、はちみつやシロップをしみこませたものが多く、とてもあまいのが特長です。ココナッツとセモリナ粉で作るバスブーサや、細いめんのようにした生地で作るコナーファなどが代表的なものです。

 バスブーサ

 コナーファ

チヂミ

韓国では「ジョン」または「プッチムゲ」ともよばれ、「平らにのばして焼いたもの」という意味があります。野菜や肉、魚など、いろいろなもので作ります。

●調理方法●
フライパンで焼く

●クッキングタイム●
25分

世界のおやつ 韓国

材料

1枚分

- にら………1/2わ
- 玉ねぎ………1/4こ
- にんじん………40g
- 薄力粉………50g
- 上新粉………20g
- 水………100mL
- 塩………ひとつまみ
- サラダ油………大さじ1

作り方

1 にらは長さ4cmに切る。玉ねぎはたてにうすく切り、にんじんは、マッチぼうくらいのふとさのせん切りにする。

2 ボウルに薄力粉と上新粉を入れ、水と塩を加えてゴムべらでまぜる。1の野菜を加えてさっくりまぜる。

3 サラダ油をひいたフライパンを中火で温める。生地を流しいれ、フライパン全体にうすく平らにのばして焼く。焼き色がついたら裏に返して焼く。ふちがカリカリになったら焼きあがり。

4 取りだして四角に切る。たれをつけて食べる。

> たれは、しょうゆと酢を合わせ、このみでごま油やきざんだ玉ねぎを加えてね。

ねこ先生のひとくちメモ

具材で変わるチヂミのよび方

チヂミというのは韓国の一部の地域でのよび方だそうです。生地に使われる材料や焼く具は千差万別。たとえば、細かく切ったキムチとまぜて焼くキムチジョン。プチュジョンは、にら入りのジョンのことで、カムジャジョンはすりおろしたじゃがいもを焼いたもの。ピンデットは水でふやかした緑豆をひいて、生地にしたものです。また、ひと口サイズの具に衣をつけて焼いた、日本の天ぷらのようなものもジョンとよばれます。

 キムチジョン

プチュジョン

 カムジャジョン

 ピンデット

もぐらのケーキ

まるでもぐらが、あなから出てきたような、
とてもユニークなドイツのケーキです。
ぜひ、マジパンで、もぐらも作ってみましょう。

●調理方法●
くりぬいて
つめる

クッキング
タイム
30分

世界のおやつ　ドイツ

材料

直径15cmのケーキ1台分

- ココア味のスポンジケーキ（市販）………1台
- バナナ………1本
- レモン汁………適量
- 生クリーム…100～150mL
- さとう………大さじ3
- すきなフルーツ………適量
- もぐらのマジパン……ひとつ

じゅんびしよう

* 生クリームにさとうを加え、8分立てくらいにあわだてておく。
* バナナを3等分に切り、さらにたてに切って、変色をふせぐために、レモン汁をふりかけておく。
* すきなフルーツを小さく切っておく。
* もぐらのマジパンを作る（35ページに出ています）。

作り方

1 スポンジ生地は周囲と底、1cmを残してくりぬき、くりぬいた生地は細かくほぐしておく。

2 くりぬいたところに、バナナをしきつめる。

3 あわだてた生クリームとフルーツをまぜ、バナナの上にドーム状にもりつける。

4 生クリームが見えなくなるように、細かくほぐしておいた生地をのせ、もぐらのマジパンをのせる。

フルーツがいっぱいでさわやかなおいしさだよ。

ココアパウダーを入れずに、薄力粉を60gにすると、プレーンのスポンジケーキができます。

焼く45分

スポンジケーキ
基本のケーキを焼いてみよう

ふわふわのスポンジケーキに
しあげるコツは、
卵をしっかりあわだてることです。

じゅんびしよう

* 湯せん用のお湯を用意する。
* 薄力粉とココアパウダーを合わせてふるっておく。
* バターを湯せんにかけて、とかしておく。
* 型にオーブン用シートをしいておく。
* オーブンを170度に温めておく。

材料

直径15cmのケーキ1台分
- 卵………2こ
- さとう………60g
- 薄力粉………50g
- ココアパウダー………10g
- バター………20g

作り方

1 ボウルに卵をわりほぐし、さとうを加えてあわだて器でまぜる。

2 ボウルの底を湯せんにかけながら、あわだて器であわだてる。生地に指を入れて、人肌（35度くらい）になったら湯せんをはずす。

世界のおやつ ドイツ

3 さらに白っぽく、ふんわりするまであわだてる。8の字が書けるくらいのかたさ、またはようじを1cmの深さに立てたとき、そのまま立っているくらいのかたさまで、あわだてる。

4 ふるった粉類を2回に分けて入れる。ボウルを回しながら、ゴムべらで生地を大きく返すようにしてまぜる。

5 バターの器に4の生地を少し入れ、バターと生地をなじませてから、ボウルに加える。あわをつぶさないようにまぜ、つやのある生地にする。

6 型に生地を流しいれる。170度のオーブンで25〜30分焼く。
＊まん中をおしたとき弾力があれば焼きあがりです。

7 粗熱がとれたら、型からはずし、かんそうしないようにぬれぶきんをかけて冷ます。

すきな形のもぐらを作りましょう。

こねる 15分

作ってみよう！
もぐらのマジパン

材料

ひとつ分

アーモンドパウダー………30g
粉ざとう…30g　卵白…小さじ1/2
ココアパウダー………適量
天然色素（黄色）………適量

じゅんびしよう

天然色素を少しの水（分量外）でといておく。

作り方

①アーモンドパウダーと粉ざとう、卵白を合わせてまぜる。

②生地の2/3の量を取りわけ、ココアパウダーを加えて折りたたみ、茶色い生地にする。

③残りの生地は、はなと目、足、ぼうしに分ける。ぼうしの分に天然色素を少しずつ加えてまぜ、黄色い生地にする。

④それぞれの形を作り、もぐらを完成させる。

チャレンジ　本格おやつ

トリュフ

外はパリパリ、中はとろ〜り。
形はふぞろいでも、本格パティシエの味が作れます。
かわいいラッピングをすれば、
プレゼントにぴったりです。

●調理方法●
とかして
まるめる

●クッキングタイム●
30分
＋
冷やしかためる時間

本格おやつ フランス

材料

直径約2.5cmのもの14こ分

生クリーム………50mL
チョコレートⒶ………100g
チョコレートⒷ（コーティング用）………70g
ココアパウダー………適量
粉ざとう………適量

じゅんびしよう

* チョコレートをそれぞれ細かくきざんで、ボウルに入れておく。
* バットにオーブン用シートをしいておく。
* 湯せん用のお湯を用意する。
* ココアパウダーと粉ざとうを、それぞれバットに入れておく。

作り方

1 なべに生クリームを入れ、ふっとう直前まで温める。

2 1にチョコレートⒶを少しずつ加え、あわだて器でゆっくりまぜてとかす。よくまぜて、つやがでたらすずしいところで冷ます。

3 2がスプーンですくえるくらいのかたさになったら、2本のスプーンを使ってまるめ、バットにならべる。冷蔵庫で45分〜1時間ほど冷やしかためる。

4 ねんどくらいのかたさになったら、ラップにのせて、手でまるめる。

> ラップを使うのは、手につかないようにするためなので、使わなくてもいいよ。

5 コーティング用のチョコレートⒷを湯せんにかけてとかす。4のチョコレートをフォークの上にのせて、チョコレートにくぐらせる。

6 ココアパウダー、または粉ざとうの入っているバットに入れ、転がしながらまぶす。

まるごとアップルパイ

アップルパイは、ヨーロッパやアメリカなどで
いろいろな形のものが作られています。
ここで紹介しているものは、ドイツで、
「ねまきを着たりんご」とよばれているものです。

●調理方法●
オーブンで焼く

●クッキングタイム●
55分

下にしいた食パンも、りんごの汁がしみておいしい。

本格おやつ ドイツ

材料

1こ分
りんご（できれば紅玉）
………1こ
さとう………小さじ1/2
シナモンパウダー
………小さじ1/4
レーズン………10g
バター………10g
冷凍パイシート………1枚
卵（全卵をときほぐしたもの）
………1/2こ分

じゅんびしよう

* 冷凍パイシートを室温において、半解凍する。
* バターを室温におく。
* オーブンを180度に温めておく。

作り方

1 りんごは洗って、小型ナイフでまん中にあなを開け、スプーンなどで芯をくりぬく。全部くりぬかずに下の部分は残しておく。

全部くりぬかないのは、りんごの汁が出るのを少なくするため。残した部分は食べるときに取ってね。

焼き型の紙ざらに食パン（分量外）をしくと、りんごの汁をすって、安定するよ。

2 さとうとシナモンパウダー、レーズン、バターをまぜて、くりぬいたところにつめる。

3 パイシートをりんごの周囲より長めの正方形にのばし、角の部分を写真のようにカットして十字の形にする。

4 生地にりんごをのせ、りんごを包む。生地が重なる部分に、とき卵をつけてしっかり止める。

5 わきのあいてる部分にもとき卵をつけ、りんご全体をしっかりつつむ。

6 カットした生地で、葉っぱやじくの形を作る。

7 上部に十字の切りこみを入れ、葉っぱをとき卵ではりつける。最後に、はけでとき卵を全体にぬり、焼き型の紙ざらに入れ、じくといっしょに天板にならべる。

8 180度のオーブンで35～40分、全体がきつね色になるまで焼く。とちゅう、じくの部分が焼けたら、上部の切りこみに差しこんで焼く。

ビーバーテイル

カナダの首都、オタワ生まれの、
ビーバーのしっぽのような、ひらべったいあげパンです。
スケート遊びで冷えた子どもたちに、
ホットチョコレートとともに大人気です。

● 調理方法 ●
油で **あげる**

● クッキングタイム ●
40分
＋
発酵させる時間

材料

4枚分

- 強力粉………100g
- 薄力粉………100g
- ドライイースト…小さじ1と1/2
- ぬるま湯………120mL
- さとう………小さじ1
- 塩………ひとつまみ
- サラダ油………大さじ1
- 強力粉（打ち粉用）……適量
- あげ油（サラダ油など）………適量
- グラニュー糖　シナモンパウダー　メープルシロップ………適量

じゅんびしよう

＊強力粉と薄力粉を合わせてふるっておく。

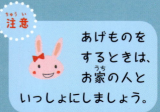

注意

あげものをするときは、お家の人といっしょにしましょう。

本格おやつ カナダ

作り方

1. ボウルにふるった粉類を入れ、くぼみを作りドライイーストを入れる。くぼみにぬるま湯少しとさとうを加え、5〜6分おく。

2. まわりの粉をくずすようにして手でまぜる。さらに残りのぬるま湯と塩とサラダ油を加え、全体をよくまぜる。

 べたべたと手についてきた生地が、こねているうちに少しずつひとつにまとまるよ。

3. 生地がまとまったら打ち粉をふった台に取り、生地がなめらかになるまで力を入れて10分ほどこねる。

4. ボウルにサラダ油（分量外）をうすくぬり、生地を入れ、ぬれぶきんをかける。電子レンジの発酵機能で1時間発酵させる。
（または、生地の入ったボウルを湯せんにかけ、全部を大きなビニール袋に入れて口をとじる。お湯の温度が下がったら、熱いお湯にする。）

5. 生地が2倍にふくらんだら、こぶしでたたいてガスぬきをする。

6. 打ち粉をふった台に取り、4つに分け、オーブン用シートの上で、すきな形にのばす。

 この状態で冷凍保存することができます。

7. 180度のあげ油できつね色になるまであげる。

 オーブン用シートごと入れると形がくずれないよ。シートはとちゅうで取りだしてね。

グラニュー糖とシナモンパウダー、メープルシロップをたっぷりかけて食べよう。チョコレートとバナナをのせたものも、とってもおいしいよ。

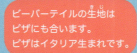 ビーバーテイルの生地はピザにも合います。ピザはイタリア生まれです。

焼く 45分

作ってみよう！ ミニピザ

6の生地に市販のトマトソースをぬり、トマトやソーセージ、チーズなどすきな具をのせて、250度に温めたオーブンで、8〜10分焼く。

ポルボロン

スペイン南部、アンダルシア地方の伝統菓子で、
クリスマスシーズンには欠かせないもの。
ホロホロとくずれる独特の食感がくせになります。

調理方法: オーブンで焼く
クッキングタイム: 45分 + 休ませる時間

本格おやつ スペイン

材料

10枚分

- 薄力粉………40g
- アーモンドパウダー……30g
- バター………40g
- 粉ざとう………20g
- シナモンパウダー………少々
- 粉ざとう（しあげにまぶす分）
  ………適量

じゅんびしよう

＊バターを室温におく。
＊オーブンを150度に温めておく。

作り方

1 フライパンに薄力粉とアーモンドパウダーを入れ、うすい茶色になるまで、弱火で10〜12分炒る。火を止めて器に移して冷ます。

2 ボウルにバターと粉ざとうを入れ、あわだて器でクリーム状になるまですりまぜる。

3 1とシナモンパウダーを合わせてふるい、2に少しずつ加えて、ゴムべらでさっくりまぜる。

4 ひとつにまとめ、直径2〜3cmの棒状にのばし、ラップに包んで冷蔵庫で20分休ませる。

5 厚さ1cmに切り、150度のオーブンで20分焼く。冷めたら粉ざとうをまぶす。

ねこ先生のひとくちメモ

1月6日まで続く、スペインのクリスマス

スペインのクリスマスは12月25日〜1月6日です。スペインでは1月6日に、レジェス マゴスとよばれる「東方の3人の博士」が、らくだにのってやってきて、キリスト誕生のお祝いに、おくりものをしたと伝えられています。子どもたちは1月5日の夜、らくだのための水や、3人の博士のためのお菓子やお酒を用意しておきます。そして6日の朝、レジェス マゴスがとどけてくれたプレゼントをもらいます。最近はサンタクロースの存在も広く知られ、12月25日にもプレゼントの一部をもらう子どもたちがふえているようです。

パブロバ

焼いたメレンゲに、生クリームとフルーツをかざった、
かるい口あたりのケーキです。
ロシア人のバレリーナをイメージして
作られたといわれています。

●調理方法●
オーブンで焼く

クッキングタイム
90分

外はサクッ、中はフワッとしたメレンゲの食感が楽しいケーキです。

本格おやつ ニュージーランド

材料

直径約13cmのもの1台分

- 卵白………3こ分
- 粉ざとう………40g
- かたくり粉………小さじ1
- 酢………小さじ1/2
- グラニュー糖………大さじ1
- 生クリーム………100mL
- さとう………大さじ3
- すきなフルーツ………適量

じゅんびしよう

* 天板にオーブン用シートをしいておく。
* オーブンを160度に温めておく。
* フルーツをひと口大に切っておく。

作り方

1 卵白をあわだて器で角が立つまであわだて、メレンゲを作る。とちゅう粉ざとうを3回に分けて加える。

2 メレンゲに、かたくり粉と酢、グラニュー糖を加えて、あわをつぶさないようにさっくりとまぜる。

3 ゴムべらを使って、天板の上でメレンゲをまるい形にする。120度に下げたオーブンで60〜75分焼き、そのままオーブンの中で冷ます。

4 生クリームにさとうを加え、8分立てにあわだてる。

5 冷ましたメレンゲの外側に、4の生クリームをぬり、上にフルーツをかざる。

教えて！ねこ先生

パブロバってどんな意味なの？

パブロバの名前は、1900〜1930年にかつやくしたロシアのバレリーナ、アンナ・パブロワにちなんだもので、公演でニュージーランドとオーストラリアをおとずれたのを記念して作られたといわれています。彼女のおどる「瀕死の白鳥」は羽がはえたようにかろやかだと評され、歴史上でもっともすばらしいバレエダンサーのひとりとされています。パブロバの発祥地は、オーストラリア説とニュージーランド説がありますが、メレンゲのケーキとして最初に作ったのはニュージーランドだといわれています。

生クリームのあわだて方のコツ

生クリームは、あわだててババロアを作るときに加えたり、
ケーキのデコレーションなどに使ったりします。
使う目的によってあわだてるかたさがちがいます。

じょうずなあわだて方のポイント

1. 生クリームは熱に弱いので、使う直前まで冷蔵庫に入れて冷やしておきます。
2. ボウルやあわだて器は、油分や水分のついていないきれいなものを用意します。
3. 生クリームを入れたボウルの底を、氷水にあてて冷やしながらあわだてます。
4. はじめはあわだて器を左右に往復させるように動かします。

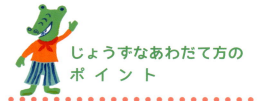

ステンレスのボウルは強くこすると、グレーの粉っぽいものがうくので、なるべくあわだて器をボウルにあてないようにしよう。または、ガラス製などのボウルを使いましょう。

あわてないでだいじょうぶです。

生クリームが分離してしまったら

生クリームの冷えが足りなかったり、あわだてすぎると分離してしまうことがあります。そんなときは、生クリームか牛乳を少しずつ加えて、ゴムべらでゆっくりまぜてみましょう。

6分立て

少しとろみがついて、すくいあげると、すーっとたれる状態です。ここからは円をかくように、あわだて器を回転させます。

7分立て

あわだて器ですくうと、とろりとリボン状に落ちてあとが少し残る状態です。ババロアやムースに加えたり、ケーキの表面をぬったりするときに使います。

8分立て

あわだて器を持ちあげたときに、流れないでピンと角が立つ状態です。しぼりだし袋に入れたり、へらを使ったりして、ケーキのデコレーションに使います。

30分でできる伝統おやつ —春・夏・秋・冬— さくいん

色の文字がこの巻に紹介されているおやつです。

あ

- アイシングクッキー………冬のおやつ 22
- アルファフォーレス………夏のおやつ 44
- アロスコンレチェ………秋のおやつ 35
- あんにんどうふ………夏のおやつ 32
- いきなりだんご………冬のおやつ 9
- いちご大福………春のおやつ 6
- いちごババロア………春のおやつ 26
- いもようかん………秋のおやつ 19
- うきしま………秋のおやつ 12
- うぐいすもち………春のおやつ 8
- うさぎまんじゅう………秋のおやつ 36
- 鬼まんじゅう………冬のおやつ 8
- おはぎ………秋のおやつ 10
- オムアリ………冬のおやつ 28
- おやき………秋のおやつ 38

か

- かしわもち………春のおやつ 16
- カスタードクリーム………春のおやつ 35
- カスタードプリン………春のおやつ 41
- カラフル白玉だんご………夏のおやつ 7
- かるかん………冬のおやつ 18
- カルターフント………秋のおやつ 30
- 関西風さくらもち………春のおやつ 13
- がんづき………秋のおやつ 40
- 関東風さくらもち………春のおやつ 14
- きな粉クッキー………冬のおやつ 23
- ギモーヴ………夏のおやつ 36
- きんぎょくかん………夏のおやつ 42
- くず切り………夏のおやつ 10
- グミ………夏のおやつ 28
- クラッシュゼリー………夏のおやつ 22
- くるみゆべし………冬のおやつ 12
- 黒みつ………夏のおやつ 11
- 紅白すあま………冬のおやつ 10
- コーヒーゼリー………夏のおやつ 23
- 五平もち………秋のおやつ 20

さ

- サーターアンダギー………春のおやつ 37
- さくらもち………春のおやつ 12
- 三月菓子………春のおやつ 36
- ジェラート………夏のおやつ 20
- シュークリーム………春のおやつ 32
- 白玉だんご………夏のおやつ 6
- しんこ細工人形………冬のおやつ 6
- スイートポテト………秋のおやつ 18
- スィールニキ………秋のおやつ 28
- スコーン………春のおやつ 28
- すはま………春のおやつ 10
- スポンジケーキ………冬のおやつ 34
- セルニック………秋のおやつ 44
- そばぼうろ………春のおやつ 19

た

- たまごぼうろ………春のおやつ 18
- チェー………春のおやつ 24
- チヂミ………冬のおやつ 30
- チョコチップクッキー………冬のおやつ 23
- チョコレートガナッシュ………春のおやつ 44
- ちんびんとぽーぽー………春のおやつ 20
- つぶあん………春のおやつ 46
- 手作りカッテージチーズ………秋のおやつ 46
- でっちようかん………冬のおやつ 14
- 動物クッキー………冬のおやつ 20
- トマトスムージー………夏のおやつ 35
- トライフル………夏のおやつ 30
- どらやき………秋のおやつ 6
- トリュフ………冬のおやつ 36

な

- 生キャラメル………冬のおやつ 16
- 生八つ橋………秋のおやつ 14
- 2色うきしま………秋のおやつ 13

は

- パステイスデナタ………秋のおやつ 32
- パッリーナ………秋のおやつ 24
- パブロバ………冬のおやつ 44
- パラチンキ………春のおやつ 22
- パレタ………夏のおやつ 24
- ハロハロ………夏のおやつ 26
- ビーバーテイル………冬のおやつ 40
- ブッシュドノエル………冬のおやつ 24
- ブラウニー………秋のおやつ 42
- フルーツあめ………夏のおやつ 16
- フルーツ大福………春のおやつ 7
- フルーツわらび………夏のおやつ 13
- べっこうあめ………秋のおやつ 16
- ホエードリンク………秋のおやつ 46
- ぽっぽ焼き………夏のおやつ 14
- ポテトチップスと野菜チップス………秋のおやつ 26
- ポルボロン………冬のおやつ 42
- ポンデケージョ………春のおやつ 30

ま

- マカロン………春のおやつ 42
- マドレーヌ………秋のおやつ 22
- まるごとアップルパイ………冬のおやつ 38
- マンゴーラッシー………夏のおやつ 34
- 水ようかん………夏のおやつ 8
- みたらしあん………秋のおやつ 9
- みたらしだんご………秋のおやつ 8
- 水無月………夏のおやつ 40
- ミニピザ………冬のおやつ 41
- ミルクジャム………夏のおやつ 46
- もぐらのケーキ………冬のおやつ 32
- もぐらのマジパン………冬のおやつ 35

や

- やしょうま………春のおやつ 38
- ヨウルトルットゥ………冬のおやつ 26
- ヨーグルトカスタードクリーム……夏のおやつ 31

ら

- ラムネ………夏のおやつ 18
- レアチーズケーキ………夏のおやつ 38
- レチェフラン………春のおやつ 40

わ

- わらびもち………夏のおやつ 12

伝統おやつ研究クラブ

昔からよく見かけるおやつや、その土地で作られてきたおやつを、自分でかんたんに作れたらいいな。そんな思いから始めた、中山三恵子と森谷由美子が主宰する手作りおやつの研究クラブです。世界の伝統的なおやつも、意外とかんたんに作ることができます。保存料なども入っていないのでなにより安心。さらに、そんなおやつにまつわるお話をちょっと知っていると、もっと楽しくなってきます。自分で作るよろこびや楽しさ、手作りのやさしい味を体感してもらうと共に、世界各地の食文化を知るきっかけになれば、という思いで本書を作りました。

地域のイベントやギャラリーでのケイタリング、また書籍や雑誌などで、楽しいおやつ作り、かんたん料理を提案しています。手がけた本に『はじめての料理 簡単クッキング』（日本標準）「ゆかいなアンパンマン」シリーズ おやつコーナー（フレーベル館）、共著に『20時からの家呑みレシピ』（主婦と生活社）など。

スタッフ

撮影●川しまゆうこ
コラムイラスト●竹永絵里
キャラクターイラスト●中山三恵子
スタイリング●川しまゆうこ・森谷由美子
DTP●里村万寿夫
校正●松本明子
企画構成・デザイン＆編集●ペグハウス

製菓材料提供／cuoca（クオカ）http://www.cuoca.com/ tel.0120-863-639
撮影協力／塚本美紗子・ドゥミレーヴ・ヒサマツエツコ・森永よし子・八木亜砂子

＊おすすめ図書＊

今田美奈子『ヨーロッパ お菓子物語』2012 朝日学生新聞社
今田美奈子『お姫さま お菓子物語』2013 朝日学生新聞社
坂木司『和菓子のアン』2012 光文社
俵屋吉富／ギルドハウス京菓子 京菓子資料館 監修
　　　　　　　　『和菓子の絵事典』2008 PHP研究所
平野恵理子『和菓子の絵本 和菓子っておいしい！』2010 あすなろ書房

＊おもな参考文献＊

大森由紀子『物語のあるフランス菓子』2008 日本放送出版協会
大森由紀子『フランス菓子図鑑 お菓子の名前と由来』2013 世界文化社
岡田哲『たべもの起源事典』2003 東京堂出版
小西千鶴『知っておきたい 和菓子のはなし』2004 旭屋出版
中山圭子『事典 和菓子の世界』2006 岩波書店
猫井登『お菓子の由来物語』2008 幻冬舎ルネッサンス
吉田菊次郎『お菓子の世界・世界のお菓子』2008 時事通信社
若菜晃子『地元菓子』2013 新潮社

30分でできる伝統おやつ　冬のおやつ

2016年 7月1刷　2019年10月2刷

著　者／伝統おやつ研究クラブ
発行者／今村正樹
発行所／株式会社偕成社
　162-8450　東京都新宿区市谷砂土原町 3-5
　電話 03-3260-3221（販売）03-3260-3229（編集）
　http://www.kaiseisha.co.jp/
印刷所／大日本印刷株式会社
製本所／株式会社難波製本

©NAKAYAMA Mieko, MORIYA Yumiko 2016
27cm 47p. NDC596　ISBN978-4-03-525840-7
Published by KAISEI-SHA, printed in Japan

本のご注文は電話・ファックスまたはEメールでお受けしています。
Tel : 03-3260-3221　Fax : 03-3260-3222
e-mail : sales@kaiseisha.co.jp